Porträtfotografie
Jaeger
für Pä 480

LANDESWOHLFAHRTSVERBAND HESSEN
Schule am Sommerhoffpark
Schule für Hörgeschädigte
SCHÜLERBÜCHEREI

Denen, die mich zu dem gemacht haben, was ich bin.

Dankbar Volkmar Jaeger

Schottin und Rumäne, Primorsko 1988

in einer stadt
lebt ein gehörloser.
er hat nur
hörende um sich
wie ein normaler mensch.
hörende erfahren erst
seine taubheit,
sobald der gehörlose mensch
spricht oder gebärdet.
der gehörlose kann
nicht höher steigen.
ja, größer werden,
das möchte er gern!
aber es ist keine rede davon:
vorurteile verbauen ihm
den weg.
talente glauben hörende
dem gehörlosen kaum,
weil sie ihn nicht prüfen.
doch er hat seine
gebärdensprache.
man erkennt es an den händen.
hörende wissen nicht,
dass es auch
gedanken und empfindungen
sind – anders geäußert.

volkmar jaeger

Volkmar Jaeger, 2012

Volkmar Jaeger

Ich sehe den Menschen.
Ich höre ihn nicht.

KUNSTBLATT

DER FOTO GRAFIK VERLAG IN DRESDEN

Leipzig 1956

INHALT

Geleitwort von Jeannette Stoschek	7
Biografie (Interview von Rosemarie Fret)	10

ICH SUCHE DEN MENSCHEN

Kinder	24
Erwachsene	48
Ostdeutschland	84
Westdeutschland	104
Arbeitswelt	122
Stille Welt	136
Porträt (nicht hörend)	152
Porträt (hörend)	160
Religion	170
Demonstration	180
Bulgarien	190
Ausstellungsverzeichnis	199
Impressum	200

An der Landungsbrücke, Hamburg 1955

VOLKMAR JAEGER – EIN LEBEN MIT DER KAMERA

In den Jahren von 1953 bis 1958 studierte Volkmar Jaeger an der Leipziger Hochschule für Grafik und Buchkunst (HGB) Fotografie. In seinen Hochschuljahren erfuhr der junge Student eine besondere Phase der Fotografiegeschichte, die theoretische Entwicklung und Formulierung der inhaltlichen Anforderungen und Ziele der Fotografie in der DDR sowie ihre praktische Umsetzung an der HGB.

Die Klassen waren seinerzeit klein und der Austausch zwischen Studierenden und Absolventen groß.[1] Ursula Arnold, Rosemarie Bock, seine spätere Lebensgefährtin, Christian Diener, Evelyn Richter und W. G. Schröter waren seine Kommilitonen. Jaeger studierte zu einer Zeit, als die Fotografie noch nicht als künstlerisches Medium anerkannt war. Die Amateurfotografie war hingegen politisch akzeptiert und erhielt offizielle Förderung. Die ersten Versuche einer Fotografie-Theoriebildung in der sich etablierenden Kunsttheorie der DDR vollzogen sich 1953/54. In der Fachzeitschrift *Die Fotografie* wurde eine interne, teilweise kontroverse Diskussion zu den Themen künstlerische Fotografie, Realismus und Formalismus ausgetragen. Abstrahierende und experimentelle Fotografie im Sinne der in Westdeutschland initiierten *subjektiven fotografie* von Otto Steinert (1915–1978) stieß offiziell auf Ablehnung. Vielmehr ist zu lesen: „Realismus, das ist deshalb das lachende fröhliche Leben, das ist unsere stolze Jugend, das sind unsere schaffenden Menschen und das ist unsere schöne deutsche Heimat. Abstrakte, formale Bildkombinationen, die nichts erkennen lassen, und die nur falsche Gefühlsduselei erzeugen, Kitschfotografie alten Stils heißen Isolierung vom Volk, bedeuten objektive Hilfe für den Imperialismus."[2]

Diese Vorstellungen entsprachen weder den Erwartungen der Studierenden noch jenen des Lehrers, Johannes Widmann (1904–1992), der die einzige Professur für Fotografie innehatte. Widmann musste in Kadergesprächen seine fachlichen Vorstellungen ausführen und verteidigen, wobei bemerkt wurde: „Unter den Studenten ist eine Neigung zum Abstrakten vorhanden. Das zeigt sich in besonders starkem Maße bei dem taubstummen Studenten Volkmar Jaeger."[3] Dennoch erhielt Jaeger einige Jahre später, 1958, für den Entwurf eines Fotomagazins und Kalenders sein Diplom. Von der Prüfungskommission wurde „(...) allseitig seine über dem Durchschnitt stehende künstlerische Begabung (...)" zugestanden, „befürchtet jedoch, daß er von einem Extrem ins andere fallen könnte (...)" und: „Eine gewisse Stetigkeit wird bei ihm vermisst."[4] Jaeger hatte – wie einige seiner Kommilitonen – eigene künstlerische Vorstellungen und sah sich im Mai 1958 gemeinsam mit Rosemarie Bock einem Disziplinarverfahren ausgesetzt.[5]

Schon während seines Studiums war er 1956 in der *action fotografie* aktiv, einer freien, heterogenen Fotografengruppe, die sich zum großen Teil aus Studierenden und Absolventen der HGB zusammensetzte und zwei Ausstellungen – 1956 und 1957 – organisierte. Der Gruppe gehörten neben Volkmar Jaeger und den oben genannten Kommilitonen u. a. F. O. Bernstein, Renate Rössing-Winkler, Roger Rössing, Günter Rössler und Helga Wallmüller an. Sie verband weder ein formuliertes Konzept, noch eine gemeinsame künstlerische Richtung oder eine einheitliche Vorstellung von Fotografie, sondern die Absicht, neue Wege zu gehen und der Fotografie in der DDR neue Impulse zu geben.[6] Darüber hinaus suchten sie eine Möglichkeit, ihre Arbeiten öffentlich zu zeigen, denn es war kaum möglich, privat und unabhängig eine Ausstellung zu organisieren.[7]

Die inspirierenden Vorbilder für ihre Bildideen fanden Volkmar Jaeger und die Fotografen der *action fotografie* jenseits der Landesgrenze und nicht in der DDR. Vorbilder waren künstlerische Haltungen und Konzepte. Heinz Hajek-Halke, der in West-Berlin lehrte, war von Bedeutung, die Bewegung *subjektive fotografie*, wie die von Edward Steichen organisierte Ausstellung *The Family of Man*, die von New York ausgehend durch Europa tourte und von Jaeger 1955 in West-Berlin gesehen wurde. Auch die 1947 gegründete Fotografengruppe *Magnum* und der von ihr vertretene Stil der Life-Fotografie, die Suche nach dem authentischen Wirklichkeitsausschnitt und das Fotografieren in Schwarzweiß waren für den Studenten und für viele Gruppenmitglieder prägend.[8]

In der Ausstellung *action fotografie* 1956 im Messehaus Petershof in Leipzig zeigte Volkmar Jaeger neun Fotografien, seine Lebensgefährtin Rosemarie Bock u. a. sein Porträt (siehe Titelbild). In der sehr vom starken Hell-Dunkel-Kontrast geprägten Fotografie ist die rechte Gesichtshälfte des Porträtierten dunkel verschattet. Das Gesicht löst sich gleichsam auf. Die Fotografie verweist so möglicherweise auf die zwei Gesichter des Künstlers und die Schwierigkeiten, ein Gesicht mit der Kamera zu erfassen

---

1 W. G. Schröter, Erinnerung an F. O. Bernstein, in: F. O. Bernstein. Ein Fotografenleben, Ausst. Kat. Leipzig, 2009, S. 16f.
2 Ernst Nitsche, Realismus und Formalismus in der Fotografie, in: Fotografie, 4, 1953, S. 113.
3 HGB, Archiv, Personalakte Widmann.
4 HGB, Archiv, Personalakte Jaeger.
5 Ebda., siehe Biografie, S. 12f.
6 Jeannette Stoschek, „action fotografie". Ein kurzer Aufbruch, in: 60-40-20. Kunst in Leipzig seit 1949, Ausst. Kat. Leipzig 2009, S. 88.
7 Ebda.
8 Kurt Hartmann, Mitglied der *action fotografie* und Kunsthistoriker, schreibt, dass die Magnum-Ausstellung, die er auf der Photokina 1956 sah, ihm die Plattheit der Fotografie in der DDR vor Augen geführt habe. Kurt Hartmann: Magnum, in: Die Fotografie, 3, 1957, S. 80.

Am Fenster, Leipzig 1956

und ein Porträt zu schaffen. Jaegers Fotografien *An der Landungsbrücke* (S. 6), *Am Fenster* (S. 8), *1945* (S. 32), *In Ruinen* (S. 91) und *Simultan-Studie* (S. 167) verdeutlichen seinen forschenden und stets von Empathie begleiteten Blick auf den Menschen. Kinder wie Erwachsene forderten ihn – soweit und solange wie möglich – in West- wie Ostdeutschland heraus.

Während seines Studiums fand er sein zentrales Thema, den Menschen.[9] „Ich suche Menschen, um sie darzustellen, wie sie sind", sagt der Fotograf noch heute.[10] Jaegers Bilder zeigen seine subjektive Suche nach Wahrheit. Er zeigt Kinder und Erwachsene im Alltag, mit ihren Sorgen und Kümmernissen, in ihrer Melancholie und Einsamkeit, aber auch mit ihren kleinen Freuden. Sei es beim in sich versunkenen Spiel, dem sehnsüchtigen Blick in das Schaufenster, beim Einkaufen, dem zwanglosen Beisammensein junger Mütter in den Ruinen oder den Arbeitern in der Fabrik. In seinen Fotografien sucht er, wenn möglich unbeobachtet mit einer handlichen Kleinbildkamera, den Moment festzuhalten, der auch die Lebensumstände umreißt, eine Geschichte erzählt. Dabei ist er der Life-Fotografie und ihrem Credo vom authentischen Bild verpflichtet. Volkmar Jaegers Fotografien ergeben ein facettenreiches, oftmals unbequemes Bild, das nicht beschönigt, sondern dokumentiert, notiert und Fragen stellt. Politische Botschaften und Ziele werden in seinen Bildern aus Ost wie West konterkariert. Volkmar Jaeger verfolgte ähnliche Sujets wie F.O. Bernstein, Evelyn Richter, Ursula Arnold und seine Mitstreiter der *action fotografie*. Soweit möglich, war die Straße ihr Aktionsfeld, wobei Jaeger oft nach Westdeutschland reiste und dort fotografierte.

Sein Anliegen konnte er 1956 an prominenter Stelle, in der Zeitschrift *Die Fotografie* formulieren: „(...) Der Ruf nach WAHRHEIT ist laut geworden. Selbst die hässliche Wahrheit ist im Sinne Gorkis und Rodins schön, eben weil sie wahr ist. Warum wollen wir sie in der Fotografie leugnen? Gerade sie ist dazu geschaffen, unerbittliche Wahrheit zu zeigen. Warum nur glatte, fröhliche Bilder, wo doch jeder von uns weiß, dass dauernd lächelnde, schmunzelnde und lachende Gesichter noch in keinem Staat, in keiner Familie vorgekommen sind. (...) Wenn wir heute nicht nur die Sonnenseite, sondern auch die Schattenseiten des Lebens schlechthin, den Gesamtkomplex Leben mit seinen natürlichen Spannungen und Widersprüchen darstellen und interpretieren, soll man darin unseren guten Willen sehen, an der Veränderung der Welt und ihrer gesellschaftlichen Struktur auf unsere Art teilzunehmen."[11]

Seine künstlerischen Ideen und Überzeugungen führten Ende 1956 zum Bruch mit der *action fotografie*. Gemeinsam mit Rosemarie Bock bekundete er im Dezember Unbehagen an dem mutlosen, zu kompromissbereiten Vorgehen der Gruppe. Sie schrieben: „(...) Komposition muß ein inneres Bedürfnis sein, kann und darf nicht von außen diktiert werden. Entscheidend ist die physische Wirkung des Bildes auf den Betrachter. (...)"[12] Die beiden Fotografen wählten eigene künstlerische Wege. Doch war es weiterhin schwer, außerhalb der Hochschule künstlerisch anspruchsvolle Fotografien auszustellen oder zu publizieren.[13] Jaegers Fotografien gelangten in sein privates Archiv. Deshalb ist bis heute sein Œuvre wenig bekannt. Für den gehörlosen Fotografen boten sich darüber hinaus kaum Möglichkeiten, als Fotojournalist und Bildreporter zu arbeiten.[14]

1959 stellten Volkmar Jaeger und Rosemarie Bock noch gemeinsam mit Jürgen Vorberg, Evelyn Richter und Arno Fischer unter dem Namen „die gruppe" im Kunstkabinett Lomatsch in Kassel aus. Doch die politischen Entwicklungen – insbesondere der Bau der Mauer – verhinderten weitere Reisen in den Westen und Jaegers Vorhaben, seinen Studienplatz bei Hajek-Halke in West-Berlin anzutreten. Volkmar Jaeger musste sich neu orientieren, doch die Fotografie hat er nie aufgegeben. Die Kamera bleibt in seinem abwechslungsreichen Leben, beruflich wie privat, seine stetige Begleiterin. Durch sie formuliert Volkmar Jaeger seine Sicht auf den Menschen, seine Umwelt. Die Kamera ist seine Verbindung zur Welt, und seine Fotografien sind ebenso eindringliche wie ästhetisch überzeugende Zeugnisse seiner Sicht- und Denkweise.

Jeannette Stoschek

---

9 Volkmar Jaeger, Ich suche den Menschen, in: Die Fotografie, 11, 1956, S. 304–307.
10 Schriftliche Äußerung Volkmar Jaegers bei einem Treffen im Mai 2009.
11 Ebda., S. 306f.
12 Archiv Rössler, Brief vom 13.12.56 an *action fotografie*.
13 Aber auch die Hochschule war bestimmten Zwängen unterworfen, siehe Biografie S. 12.
14 Siehe ebda., S. 14.

Volkmar Jaeger beim Lesen lernen mit seiner Mutter
Foto: Genja Jonas, Leipzig 1931

Leipziger Taubstummenlehrer Dr.h.c. Rudolf Lindner an seinem Apparat zur sprechtechnischen Übung
Foto: Taylor, US-Reporter, 1938

Volkmar Jaeger begegnete ich während des Fotografik-Studiums an der Leipziger Hochschule für Grafik und Buchkunst (HGB). Das erste, was mir an ihm auffiel, war sein eigenartig taumeliger Gang und dann die alles verfolgenden Augen, immer suchend, immer fragend. Dass dieser Student taub war, erfuhr ich so nebenbei, als ich ihn während der Vorlesungen in Kunstgeschichte ungeniert laut gähnen hörte. Wir saßen während einer Diashow im abgedunkelten Raum, der Dozent zeigte, während er sprach, auf die Bilder an der Wand. Ich schob Volkmar meine Mitschriften mit einer Taschenlampe zu. Sein Schicksal begann mich zu interessieren; denn auf den Straßen war ich schon blinden, aber noch nie gehörlosen Menschen begegnet. Wir führten lange Gespräche, bei denen er mir, wenn ich langsam und deutlich sprach, vom Mund ablas. Und wir gingen zusammen auf Fototouren. Schon da beobachtete ich, wie schnell er eine Situation erfasste und, unbekümmert um Abwehrhaltungen oder Verbote, einfach weiter fotografierte. Er stellte sich taub.

Wir lebten und arbeiteten acht Jahre zusammen, bis jeder von uns wieder andere Wege ging und andere Partner fand. Immer sind wir in Freundschaft verbunden geblieben. Jetzt sehe ich sein umfangreiches Gesamtwerk, von dem einiges noch gemeinsam erlebt wurde. Daraus ergeben sich meine oft auch recht persönlichen Fragen. Ich stellte sie ihm per Mail.

Volkmar, du warst ein Jahr alt, als du infolge einer schweren Meningitis ertaubt bist. Hat dein Vater, der Arzt war, dir nicht helfen können?

Ich hatte sehr lange hohes Fieber und lag drei Monate in einem Starrezustand. Dabei wurden das gesamte Innenohr und auch der Gehörnerv zerstört, nur die Ohrmuschel blieb als Schmuck zurück. Ich habe auch keinen Gleichgewichtssinn mehr. Mein Vater hatte noch zwei Ärzte hinzugezogen. Das Penicillin, das mir vielleicht geholfen hätte, wurde in meinem Geburtsjahr 1928 erst entdeckt.

Kannst du dich an eine Situation erinnern, in der es dir zum ersten Mal aufgefallen ist, dass die Menschen neben dir auf etwas reagierten, das du mit deinen Augen nicht wahrgenommen hast? Dass es außer sehen, fühlen, schmecken, riechen noch einen weiteren Sinn gibt – sozusagen im Hintergrund, den du nicht erfasst?

Nein, ich erinnere mich nicht mehr, ich war noch zu klein. Erst später nach dem Privatunterricht, den ich von 1931 bis 1933 bekam, wurde mir bewusst, was hören bedeuten könnte.

Als deine Eltern erkannten, dass sie ein taubstummes Kind hatten, gaben sie dir sehr bald einen Privatlehrer zur Seite, um dein Sprachzentrum anzuregen und zu entwickeln. Wer war dein erster Lehrer? Und wie hast du überhaupt begriffen, dass ein Wort zugleich ein Name und damit die Bezeichnung für einen Gegenstand ist? Ich stelle es mir für den Lehrer wie für den kleinen Schüler sehr mühsam vor.

Mein erster Lehrer war Walter Glau. Er zeigte zum Beispiel auf einen Baum und formte mit seinem Mund das Wort „Baum". Ich sah zugleich den Baum und seinen Mund mit dem „B" und fühlte mit der Hand an seinem Kehlkopf das Vibrieren der Stimme, das war das „AU" und dann das „M", das im Gegensatz zum „B" keine Luft ausstößt. Dazu hielt er immer ein Schriftbild hoch. Das war die Methode von Dr. Lindner, der mein späterer Lehrer wurde und an den ich heute noch mit Dankbarkeit denke.

Dein Vater, Erwin Jaeger, war nicht nur praktizierender Arzt, sondern auch Mitbegründer der Mitteldeutsche Rundfunk AG (MIRAG), aus der der heutige Mitteldeutsche Rundfunk (MDR), geworden ist. So ging bei euch viel Prominenz ein und aus. Als die Nationalsozialisten den Rundfunk mit ihrer „Goebbelsschnauze" übernahmen, änderte sich das Programm. Hat sich dadurch auch dein Leben verändert?

Mein Vater wurde als Rundfunkdirektor abgesetzt, weil er sich weigerte, das Programm des Senders auf die Naziideologie umzustellen; man hat ihn sogar aus der Stadt Leipzig ausgewiesen. Er ging nach Bärenstein, später weiter nach Oberwiesenthal, wo er bis zu seinem Tod 1955 als Arzt arbeitete und den Skisport ins Mittelgebirge einführte. Meine Eltern trennten sich. Meine Mutter zog nach Dresden und ging als Chansonsängerin wieder auf Tournee. Ich kam in das Internat der Taubstummenanstalt Leipzig (so wurde die heutige Samuel-Heinicke-Schule 1933 genannt), anfangs noch in den Kindergarten, danach in die Schule. Alles geschah für mich wie alltäglich.

Aber es muss doch eine große Umstellung für dich gewesen sein, aus der Wärme des Elternhauses in ein Internat zu kommen. Oder war es auch leichter, unter so vielen Schicksalsgenossen zu sein? Denn die Gebärdensprache, die eigentliche Muttersprache der Gehörlosen, lerntest du doch erst dort?

Nein, das ist anders. Wir unterscheiden zwischen der einfachen Gebärde und der Gebärdensprache, die erst sehr viel später vereinheitlicht wurde und eine eigene Grammatik bekam. Erst damit wurde sie zu einer richtigen Sprache und zu unserer Muttersprache. Sie wird heute nicht nur von den Dolmetschern im Sender Phönix bei der Übersetzung der Tagesnachrichten benutzt, sondern auch von tauben Dozenten an den Universitäten, wie zum Beispiel der Gellaudet University in den USA. Als Kinder verständigten wir uns noch mit einfachen Gebärden. Aber das wurde im Unterricht nicht so gern gesehen, wir sollten uns auch untereinander oral äußern. Ein totaler Irrsinn! Von den Lehrern wurde nur eine Art Zeichensprache zur Unterstützung benutzt, um uns einen Begriff besser deutlich zu machen.

In der Zeit des Nationalsozialismus galten „Taubstumme" als „unwertes Leben". Es gab furchtbare Schicksale unter ihnen. Bist du oder sind deine Freunde damals damit in Berührung gekommen oder hast du erst später davon erfahren? Du bist ja hörend zur Welt gekommen und erst durch Krankheit ertaubt, hattest also ein sogenanntes gesundes Erbgut. Sind da Unterschiede gemacht worden?

Ich habe erst nach dem Krieg von diesen Schicksalen erfahren. Wenn, dann betraf die Sterilisation die älteren Gehörlosen, und dann ist auch nicht unterschieden worden, ob sie durch Krankheit ertaubt waren oder ob das schon in der Familie lag. Meine Generation ist infolge der einsetzenden Kriegswirren verschont geblieben.

Du hast die Samuel-Heinicke-Schule neun Jahre lang besucht, also von 1934 bis 1943, aber schon nach dem ersten Jahr die Klasse und den Lehrer gewechselt. Warum?

Mein erster Lehrer kam von einer Sprachheilschule, er hatte mit Taubheit keine Erfahrung, war ein Nazibonze und wollte sich nur selbst mit mir ins Licht stellen. Aber meinem Vater war aufgefallen, dass ich mich nicht weiterentwickelte, dass meine Leistungen sogar zurückgingen. Er hat sich deshalb mit Dr. Lindner abgesprochen, der die nachfolgende Klasse führte. Mit dessen Einverständnis behielt er mich (angeblich wegen Krankheit) in Bärenfels so lange zurück, bis ich in der Schule eine Klasse zurückgestuft werden musste. So wurde ich zwar „Sitzenbleiber", bekam aber einen geistvollen Lehrer mit viel Humor, „Mentor Li", wie wir ihn nannten. Später habe ich sogar mit noch anderen Schülern bei ihm zu Hause gewohnt, bei seiner Frau, „Tante Li". Sie war als Lehrerin jahrelang in Marokko gewesen und bewunderte Spinnen, wehe uns, wenn wir einer Spinne das Netz zerstörten.

Danach hast du bis zur Evakuierung aus Leipzig im Dezember 1944 als Gehörloser ein normales Gymnasium mitten unter Hörenden besucht. Deine Mitschüler wurden in den Volkssturm eingezogen. Und du nicht? Fühltest du dich da

Vater von Volkmar Jaeger in Oberwiesenthal, 1953

Nikolaischule, untergebracht in der Oswald-Schule in Leipzig, um 1948

Lehrer an der Nikolaischule (v.l.n.r.): Dr. Förster, sitzend, Kunstlehrer Grundeis, Prorektor Pilny sowie Französischlehrer

Prorektor Pilny und Mitschüler auf der Nikolaischule, 1949

nicht schmerzhaft als Außenseiter? Oder bist du froh gewesen, davonzukommen?

Nein, im Gegenteil! Die Schule wurde wegen der Bombenangriffe evakuiert, und ich kam nach einer Drei-Tage-Odyssee in Osterfeld an, wo meine Mutter nach ihrer Wiederheirat wohnte. Schon zuvor war ich zur Musterung bestellt worden. Und zu meiner großen Enttäuschung wurde ich ausgemustert! Das war das erste Mal in meinem Leben, dass ich mich ausgestoßen gefühlt habe. Ich war so verletzt und empört! Erst als mir mein Onkel Paul sagte, dass ich jetzt der einzige Mann zu Hause wäre und ich deshalb die Frauen beschützen müsste, da fühlte ich mich gebauchpinselt.

Wir alle haben damals in der Schule ein Feindbild mitbekommen. War das bei Euch auch so? Und wie hat sich das bei dir ausgewirkt? Zuerst kamen 1945 ja die Amerikaner zu euch.

Ja, am 12. April die 69. Division der US Army. Und natürlich waren das die Feinde! Und ich sah mich überall von ihnen verfolgt. Aber da passierte etwas, das mein Denken bis heute verändert hat. Ich wurde von einer Biene am Auge gestochen. Das schwoll furchtbar an, ich konnte kaum noch sehen. Und kein deutscher Arzt da. Meine Mutter „verriet" mich in ihrer Angst an die Amerikaner. Als mich zwei US-Soldaten zu ihrem Truppenarzt schleppten, habe ich Zetermordio geschrien. Ich sah mein Unheil kommen. Aber am nächsten Tag schon ging es mir besser, und ich konnte wieder sehen. Dass der Arzt nicht nur Amerikaner, sondern auch noch Jude war, sagte man mir erst danach. Seitdem glaube ich an den Menschen, aber an keine Ideologie und an keine Partei mehr.

Die Russen kamen dann im Juni oder Juli, das weiß ich nicht mehr so genau. Zur Nikolaischule nach Leipzig ging ich erst wieder 1946 und bestand 1949 als Drittbester unter Hörenden das Abitur. Als Prämie bekam ich das Buch „Schütze im Aufstieg" von Cecil Lewis.

Bist du damals der erste Gehörlose gewesen, der Abitur auf einem Gymnasium für Hörende gemacht hat? Und wie hast du am Unterricht teilnehmen können? Nicht jeder Lehrer konnte sich dir beim Sprechen zuwenden.

Ich konnte nicht immer vom Mund ablesen. Die Lehrer drehten sich zur Tafel um oder gingen hin und her. Aber die Mitschüler notierten und erlaubten mir den Einblick. Zu Hause las ich in den Schulbüchern nach, auch in den älteren aus der Nazizeit. Das habe ich dann verglichen. Ich musste bloß aufpassen, besonders in Geschichte und Literatur wegen der Ideologie. So lernte ich, kritisch zu lesen. Manchmal hatte ich auch einen Famulus zur Seite, den Sohn eines Lehrers oder auch dessen Mitschüler, mit dem ich etwas nachholen konnte. In der 12. Klasse war ich allein.

Der erste Gehörlose mit Abitur unter Hörenden war nicht ich, sondern Wladislaus Zeitlin von der jüdischen Taubstummenschule Berlin.

Und nach dem Abitur? Sicher war die Berufswahl schwierig.

Ich wollte wie mein Vater Mediziner werden und in der Chirurgie oder der Krebsforschung arbeiten. Meine Bewerbung zum Studium wurde vom Dekan Gerhard Harig sogar unterstützt, aber es kam zu einem Meinungsstreit unter den Professoren, und ich wurde abgelehnt. Mir wurde gesagt, ich solle es in Leipzig an der Hochschule für Grafik und Buchkunst versuchen, weil Fotografie sowie Zeichnen und Aquarellieren mein Hobby waren.

Wann war das? Du hast doch erst 1953 mit dem Studium an der HGB angefangen.

Ich wurde 1949 abgelehnt, diesmal wegen meiner bürgerlichen Herkunft. Rektor war damals Prof. Kurt Massloff. Zum Studium wurden vorwiegend Arbeiter- und Bauernkinder zugelassen.

Da warst du ja zweifach benachteiligt. Erst wegen deiner Taubheit kein Medizinstudium und dann noch wegen deiner bürgerlichen Herkunft von der HGB abgelehnt! Wie hast du das verkraftet? Fühltest du dich wieder ausgebremst?

Ja, natürlich, aber ich habe den Gedanken an ein Studium nicht aufgegeben und wurde darin auch von meinem Vater und Mentor Li unterstützt. Ein Jugendfreund meiner Mutter kannte in Dresden eine Fotografin, Ilse Oemichen, sie nahm mich als Lehrling. Meine Gesellenprüfung machte ich 1952 bei Franz Fiedler. Danach arbeitete ich für ein Jahr an der Hochschulbildstelle der Leipziger Universität. Von da wurde ich dann an die HGB delegiert und 1953 zum Studium bei Professor Widmann angenommen.

Mir erging es ähnlich. Die Arbeiter- und Bauernstudenten sind oft gleich nach der Oberschule immatrikuliert worden, ohne ein Grundwissen zu haben, ohne zum Beispiel Entwickler von Fixierbad unterscheiden zu können. Widmann hat sich dann aber gegen Massloff durchgesetzt, weil er Studenten brauchte, die im Grundstudium den anderen helfen konnten.

Ich versuche mir jetzt vorzustellen, wie man ohne Gehör, ohne noch etwas aus der Umgebung – Stimmen, Schritte oder ein Radio – wahrnehmen zu können, in einer Dunkelkammer eingeschlossen arbeitet. Das ist ja sogar mir schwer gefallen, und man machte noch dies und das, ehe man endlich in der Dunkelkammer verschwand.

Die Haltung von Widmann hat mir bisher keiner so erklärt. Wir hatten sehr gute Werkstätten, wunderbare Kommilitonen und viel Spaß. In die Dunkelkammer zu gehen kostete immer eine Überwindung – war für mich sogar noch eine mehrfache Abschottung, das stimmt. Die Neugier auf meine Bilder hat mich dann doch angetrieben. Aber vielleicht habe ich mich auch besser konzentrieren können, denn ihr habt bei der Arbeit immer gequatscht, das hab ich doch gesehen! Heute mache ich alles am Computer neben dem Fenster.

Als wir uns zwei Jahre später kennenlernten, lebtest du mit einer Hörenden in Scheidung und hattest eine Tochter. Du hast damals den Verdacht gehabt, dass deine Frau für das Ministerium für Staatssicherheit arbeitet. Hat sich deine Vermutung nach der Wende bestätigt?

Ja, sie war im operativen Dienst, sollte Gehörlose bespitzeln. Es gab unter uns gute Chemiegrafen und andere handwerklich Begabte, die im Untergrund Lebensmittelkarten fälschen konnten. Das Kind war nicht von mir, es wurde mir „Staubdummen" untergeschoben. Sie hat mir damals gesagt, dass sie Kriminalistin sei. Erst als sie mal auf eine Frage ihres Bruders mit einer merkwürdigen Wegezeichnung antwortete, kam mir die Erleuchtung. Ich stellte sie vor ein Ultimatum: Entweder keine Arbeit mehr bei der Stasi oder die Scheidung. Sie hat dann ihren Vorgesetzten geheiratet; er hat das Kind adoptiert.

Wieso bist du in die FDJ eingetreten? Du hast doch jeder Ideologie misstraut? Oder bist du wegen deiner Arbeit dazu gezwungen worden?

Das musste ich, aber nicht wegen der Arbeit. Das kam durch einen Berufswettbewerb, durch den ich meine Lehrzeit um ein Jahr verkürzen konnte und dann die Aussicht auf ein Studium hatte. Dazu kam meine gesellschaftliche Tätigkeit für den Allgemeinen Deutschen Gehörlosen-Verband (ADGV). Ich war Gründer und Leiter des Leipziger Wintersports der Gehörlosen, später auch des Film- und Fotoclubs. Für eine Zeit sogar ehrenamtlicher Sekretär der FDJ-Gruppe.

Hast du nicht damals auch die Fahrerlaubnis für das Moped bestanden? Ich weiß noch, dass ein hörender Student neben dir durchgefallen war.

Das war in der Theorieprüfung. Ich hatte im Voraus die Verkehrsregeln genau studiert, deshalb

Direktor der Nikolaischule, Herr Lippold (l.), im Gespräch mit Prorektor Pilny, Sportfest 1949

Volkmar Jaeger als Lehrling der Fotografie
Foto: Ilse Oemichen, Dresden 1950

Volkmar Jaeger als Student
Foto: Christian Lehmann, Leipzig 1953

Rila-Kloster, Bulgarien 1960

verstand ich alles, aber nicht, wenn sich der Fahrlehrer abwandte. Da fragte er mich plötzlich, ob ich vielleicht schwerhörig wäre. Ich sagte: Ja, aber nur ein bisschen. Autofahren war Gehörlosen nicht erlaubt. Erst 1956, nach einem dritten Testversuch mit Dolmetscher, bei dem ich dabei war, bekamen wir vom Verkehrsministerium der DDR die Genehmigung, eine richtige Fahrerlaubnis zu machen. Bedingung war für uns ein zweiter Außenspiegel rechts. Heute haben ihn alle Autos. Aber zu diesem Thema kann ich später noch mehr erzählen.

Wir hatten uns mit Unterstützung unserer Eltern eine Filmkamera AK 16 gekauft.

Ich wollte, dass die Bilder sich bewegen und Geschichten erzählen können. Ich machte eine Filmreportage über die Gründung der Bezirksorganisation des Allgemeinen Deutschen Gehörlosenverbandes. Später bekamen wir vom Statiker des neuen Opernhauses den privaten Auftrag, einen Film über seine Arbeit zu drehen. Den ersten Spielfilm ohne Ton drehten wir mit Gehörlosen: „Die Ferien des Herrn Horst".

Und dann haben wir unsere AK 16 zusammen mit der handbestickten Bettwäsche aus meiner Aussteuer zum Leihhaus gebracht.

Ja, das war gewagt, denn es war keineswegs sicher, dass wir das wieder auslösen könnten. Wir wollten eine Reise nach Bulgarien damit bezahlen. Obwohl wir in der FDJ waren, haben wir nie, wie einige andere Studenten, über die FDJ eine Reise ins Ausland bekommen. Wir flogen mit einer Touristengruppe nach Sofia, und dann ging es mit dem Bus weiter ins Rilagebirge. Im alten Rilakloster haben wir viel fotografiert, sogar während der heiligen Messe. Du hast dich nicht getraut, auf den Auslöser zu drücken, weil der bei der Spiegelreflex, mit der wir ausschließlich fotografierten, solchen Krach macht. Aber ich habe fotografiert.

Und bist rausgeschmissen worden!

Ja, nicht nur einmal. Und durch ein Hintertürchen bin ich wieder reingekommen.

Du hast wunderbare Bilder gemacht. Meine waren eher statisch, z.B. Architektur oder Portrait. Ich glaube, dass das filmisch bewegte Sehen besonders dort und von da an deine ganz persönliche Ausdruckweise wurde.

Das stimmt. Ich sehe es auch so. Nach den Semesterferien haben wir unsere Bilder in der Hochschule ausgehängt, aber wir mussten sie gleich wieder abnehmen. Kirche und diese tiefe Gläubigkeit durften nicht sein. Stattdessen hingen kleine Bildchen von einem Studenten da, die er während einer Delegationsreise nach Moskau gemacht hatte. Als Wochen später Otto Grotewohl die Hochschule besuchte, wurden die Bilder ausgetauscht und die von unserer Rilakloster-Reportage wieder aufgehängt. Sie waren wohl doch besser fotografiert.

Ich war mit dabei, als Grotewohl durch die Hochschule geführt wurde und hatte mich vorgedrängt, als er vor unserer Bilderwand stand. Er war beeindruckt und fragte, wer sie gemacht habe. Ich sah mich nach dir um, du hast hinter mir gestanden, und ich wollte dich nach vorn ziehen. Aber plötzlich bekam ich einen Ellenbogen in die Seite, und wir wurden zurückgestoßen.

Das war Klaus Liebig, der Assistent von Professor Widmann.

Ja, noch während des Studiums, als wir beide schon zusammen lebten und arbeiteten, hatten wir ein Disziplinarverfahren und sollten exmatrikuliert werden. Es ging um ein Foto, das wir während einer Maidemonstration aufgenommen und unter unser beider Namen „Jaeger-Bock" veröffentlicht hatten. Erinnerst du dich?

Na klar! Zuerst, während einer Zeit des politischen Tauwetters, hatte Widmann uns gesagt, dass wir versuchen sollten, auch im Westen zu veröffentlichen. Wir haben dann unsere Arbeiten an das ‚Deutsche Lichtbild' geschickt. Die suchten sich das finsterste von allen Bildern aus und schrieben darunter den englischen Titel: „Behind the iron curtain" („Hinter dem eisernen Vorhang"). Der Bildband wurde hier zur Buchmesse ausgestellt. Aber das Tauwetter war inzwischen vorbei, und wir mussten uns vor der Hochschulleitung rechtfertigen. Ich bin noch heimlich mit einem Brief, den wir an die Redaktion geschrieben hatten, nach Westberlin zur Post gefahren. Der Verlag sollte uns bestätigen, dass nicht wir die englische Unterschrift verfasst hatten.

Du hast damals kurz vor dem Abschluss des Studiums gestanden, man wollte dich nicht belasten und meinte, dass ich als Hörende unverantwortlich gehandelt hätte. Ich sollte mich ein Jahr in der Produktion bewähren, in der Braunkohle.

Ich erinnere mich.

Allerdings wurde das immer wieder verschoben, weil ich unseren Sohn Halldor geboren hatte und unter Mutterschutz stand. Ich musste zuletzt nur noch für acht Wochen zum Kartoffelschälen in ein Pionierlager. Aber weiter zu dir und der Gruppe „action fotografie". Kannst du dich noch an alle erinnern?

Nicht an jeden, wenn ich heute die Namen lese. Aber persönlich an Ursula Arnold, Evelyn Richter, Friedrich Bernstein, Christian Diener, dem wir später noch geholfen haben, als er in den Westen ging, und Günter Rössler, Heinz Müller, Wolfgang G. Schröter, Renate und Roger Rössing und an dich natürlich. Wir waren beide dabei, weil wir, wie die anderen, unzufrieden gewesen sind mit der althergebrachten Auffassung von Fotografie. Wir wollten experimentieren, und mich hat besonders die Gruppe der Magnum-Fotografen angeregt. Aber wir sollten den „positiven" Sozialismus fotografieren – ich hatte damit Schwierigkeiten. Ich hab ihn so gesehen wie er war. Das Drumrum hab ich nicht gehört. Über unsere „action fotografie" ist nach der Wende viel geforscht und geschrieben worden. Ihr Träger war zu DDR-Zeiten, glaube ich, der Kulturbund. Er mischte sich mit seinem Mittelmaß ein, und unsere Bilder wurden – wie vormals die entartete Kunst – in einem extra Raum zur Diskussion ausgestellt. Wir haben uns an den Widerständen aufgerieben. Für die DDR Funktionäre war Gruppenbildung immer ein Trauma. 2009/10 hat es eine eigene Gedenk-Ausstellung im Bildermuseum (Museum der bildenden Künste Leipzig) gegeben. Da sind wir noch einmal zusammengekommen und wurden sozusagen rehabilitiert. Unsere Bilder wurden vom Museum gekauft.

Aber wir trafen uns doch vorher schon, Mitte der achtziger Jahre in Zeiten der tiefsten DDR-Depression. Es war Ulrich Domröse, der uns zusammenrief.

Ja, wir saßen bei einem von uns im Wohnzimmer, ich weiß nicht mehr genau, bei wem. Domröse wollte wissen, warum wir damals aufgegeben haben. Wir versuchten, es ihm zu erklären. Heute ist das in den Nachforschungen über die „action fotografie" nachzulesen. Wir beide waren schon ausgetreten, bevor sich die Gruppe auflöste, weil das Niveau vom Kulturbund immer weiter runtergezogen wurde und hatten dann in Berlin mit Arno Fischer, Evelyn Richter und Jürgen Vorberg, der aus Westdeutschland zu uns gestoßen war, eine eigene Gruppe gegründet, die wir „Die Gruppe" nannten. Unsere erste Ausstellung war in der Kunstakademie in Berlin-Weißensee. Ich war mit Bildern von den Arbeitern bei ABUS dabei, einem Stahl verarbeitenden Betrieb. In dem Gruppenfoto, das ich von den Arbeitern machte, musste ich den maroden Hintergrund, der die ganze Tristess dieses DDR-Betriebs zeigte, herausmontieren und einen anderen einsetzen. Ich stellte beide Bilder nebeneinander. Der Schriftsteller Günter Rücker hatte die Texte dazu geschrieben.

Leipzig am 1. Mai 1956 – im ‚Deutschen Lichtbild' 1958 betitelt mit: „Behind the iron curtain"

ABUS-Kollektiv – Original und geschönte Fassung, 1958

DEWAG-Leipzig,
Abteilungsleiter Edgar Steffen (mit Brille), 1960

Die internationale photokina Köln, 1956,
zeigt mit Magnum Photos, u.a. Bilder von Robert Capa.

Du hast dein Diplom bekommen und hattest vorher schon die erste größere Veröffentlichung in der Fachzeitschrift „Fotografie" unter dem Titel „Ich suche den Menschen".

Ja, aber die Aufträge für Reportagen bekamen andere. Ich musste Geld verdienen und ging zur DEWAG-Werbung. Das habe ich nicht lange durchgehalten. Alle rauchten bei der Arbeit, und mir brannten die Augen in der dicken Luft. Schon vorher hatten wir uns mehr der Foto-Grafik zugewandt. Nachdem du 1961 auch das Diplom bekommen hattest, arbeiteten wir freiberuflich. 1960 wurde ich in den Verband bildender Künstler aufgenommen. Wir erarbeiteten große Bilderwände für die AGRA, das war die Garten- und Landwirtschaftsausstellung in Markkleeberg und auch für eine Ausstellung „40 Jahre, die die Welt veränderten". Das „Magazin" veröffentlichte neben Einzelfotos eine Bildergeschichte von uns, ebenso der Foto-Kino Verlag. Die Arbeit für den Mitteldeutschen Verlag in Halle war am interessantesten. Wir entwarfen Buchumschläge, Einbände und Illustrationen mithilfe foto-grafischer Techniken. Du warst zu der Zeit oft im Krankenhaus, hast dort die Manuskripte gelesen und die Ideen entwickelt.

Wir hatten in Berlin noch einen alten Laden gemietet.

Wir wollten den Berliner Auftraggebern näher sein. Unser früherer Kommilitone Christian Diener studierte inzwischen in Westberlin, in der Kunstakademie bei Hajek-Halke. Ich sollte dort für ein Jahr ein Zusatzstudium bekommen. Messe- und Ausstellungsgestaltung. Dieses Fach wurde bei uns nicht unterrichtet. Aber das war 1961 und im August, wir waren im Urlaub an der Ostsee, da wurde die Mauer gebaut, und aus der Traum von Welt.

Gehörlose reisen gern. Für sie muss die Welt immer in Bewegung sein.

Das ist wahr. Ich hatte in Hamburg, Düsseldorf, Essen, Freiburg/Breisgau, Köln und in Westberlin fotografiert. Die Welt, in der ich mich jetzt nur noch bewegen konnte, war mir zu eng. Ich fühlte mich zweifach eingesperrt.

Ab 1963 ist jeder von uns wieder eigene Wege gegangen.

Ja, mit den gemeinsamen Zukunftsplänen waren wir gescheitert. Du bist an das Literatur-Institut gegangen. Ich hatte mich mehr der gehörlosen Welt zugewendet, der ehrenamtlichen Arbeit. Da wurde ich gebraucht.

Für Deine Foto- und Filmarbeiten hast du viel Anerkennung bekommen. Welcher Preis war aus heutiger Sicht am wichtigsten für dich? Über welche Auszeichnung hast du dich am meisten gefreut?

Das Bildermuseum in Leipzig kaufte von mir sieben Fotos an, das war eine große Freude und Anerkennung für mich, mehr als alles andere.

Du hast dann einige Zeit bei der Post gearbeitet? Was hast du da gemacht?

Meistens Schaufenster und Kioske dekoriert, auch Plakate entworfen und ausgeführt. Einmal war mir ein Malheur passiert. Das war im Hauptbahnhof auf einem großen Schriftplakat zur Feier von 20 Jahren DDR, ich schrieb aber „20 Jahre DRR". Das Plakat hing schon einen Monat, bis eine Reinemachfrau den Fehler entdeckt und gemeldet hat. Ich wurde verhört, man dachte wohl, ich hätte eine Deutsch-Russische Republik feiern wollen. Der Abteilungsleiter hat mich in Schutz genommen und gesagt, das sei ein Versehen gewesen. Die Arbeit bei der Post war furchtbar langweilig für mich.

Wann hast du dort gekündigt?

1970. Ich wechselte zum VEB Maschinelles Rechnen, weil ich dachte, hier mehr Mathematik anwenden zu können, Mathematik lag mir schon immer. Ich machte eine Umschulung zum Programmierer. Dieser volkseigene Betrieb gehörte der SED und wäre im Kriegsfall dem Militär unterstellt worden. Manchmal gab es Probealarm. Einmal saß ich gerade auf der Toilette und wunderte mich bei meiner Rückkehr, dass kein Mensch mehr im Arbeitszimmer war. Was war los? Ich suchte den Direktor. Der guckte mich wie geschockt an, und sagte mir nichts, ging einfach weiter. Dabei wäre ich im Kriegsfall sogar Leutnant geworden! Aber der Fall trat nicht ein. Ich habe in der Abteilung Forschung und Entwicklung etwa zehn Programmierungssprachen hintereinander anwenden müssen. 1990 ging ich in den Vorruhestand.

Wann ist dir das erste Mal aufgefallen, dass du Probleme mit deinen Augen hast?

Eigentlich schon Weihnachten 1951 oder 52, als ich ein interessantes Buch („Finale Berlin" von Heinz Rein) bekommen hatte und es in einer Nacht durchgelesen habe. Da sah ich die Schrift zuletzt wie durch einen Nebel. Nachdem ich geschlafen hatte, sah ich wieder klar, deshalb dachte ich nicht, dass es die Basis für einen Grünen Star gewesen sein könnte. Später wurde diese Diagnose gestellt und dann auch für den Grauen Star. Ich musste immer Tropfen in die Augen geben. Heute, nach zwei Laser-Operationen (die erste OP zur DDR-Zeit wurde noch konventionell durchgeführt), brauche ich das nicht mehr.

Zu dieser Zeit hast du wenig fotografiert.

Doch, auch, aber nicht so wie in unserer Studienzeit. Es waren immer besondere gesellschaftliche Anlässe, aber davon hätte ich nicht leben können. Ich habe eher draufgezahlt für Filme und hatte auch nicht immer ein Labor, musste die Vergrößerungen oft in Auftrag geben. Das ist heute mit der digitalen Fotografie viel einfacher.

Ich erinnere mich, dass dir die Kleinbildkamera immer lieber war als das Mittel- oder Großformat. Und welche Brennweiten? Das Zoom kam ja erst später.

Zuerst hatte ich eine Rolleiflex mit Negativformat 6x6, später eine Kleinbildspiegelreflex, die Contax D, bei ihr brauchte man den Paralaxenausgleich nicht zu beachten, und mit dem Flektogon, einem Weitwinkel, konnte ich gut „um die Ecke" fotografieren. Objektive zu wechseln, ging mir immer nicht schnell genug. Jetzt habe ich die Lumix mit einem leicht weichzeichnenden Leica Vario Elmarit.

Seit wann bist du von Analog- auf Digitaltechnik umgestiegen? Ich war da eher zögerlich.

Ich war wie immer neugierig und habe das für mich geprüft und war sofort begeistert und habe danach gegriffen. Keine Dunkelkammerarbeit! Keine Filme mitschleppen und dauernd wechseln, auf dem Chip sind bis zu 500 Aufnahmen zu speichern oder noch mehr. Und das Material ist viel billiger. Außerdem sind gute Nachtaufnahmen möglich. Der Nachteil ist für mich die Zeitverzögerung beim Auslösen. Ich traf nicht mehr den Augenblick, den ich sah, sondern immer erst den danach. Also musste ich vorausahnend auslösen. Diese Zeitverzögerung hat sich mittlerweile verringert, aber manchmal greife ich noch zur alten Leica, die ich mir nach der Wende gebraucht gekauft habe.

Wie hast du die Wende erlebt? Ich meine, wie war es, einen Staat zu Fall zu bringen, der sein Volk Jahrzehnte eingeschüchtert hat … Ich habe nach dem 9. Oktober Enkel und Patenkinder mit auf die Demo genommen, ihnen aus Senfbechern Lichthalter gebastelt. Sie sollten sich für ihr Leben daran erinnern können. Auf welchen Wegen sind die Informationen zu euch gekommen?

Zu mir von meinen Kollegen. Sie haben mich gewarnt, ich sollte wegen meiner Taubheit nicht mitmachen.

Auf der photokina Köln, 1956, wird auch die neueste Fototechnik präsentiert.

Montagsdemonstration in Leipzig, Oktober 1989

Gehörlosenseelensorger Heinz Weithaas dolmetscht beim Friedensgebet in der Nikolaikirche in Leipzig, Oktober 1989.

Montagsdemo in Leipzig, Oktober 1989

Vielleicht, weil du die Gefahr nicht so schnell erkennen konntest?

Unser Sohn Halldor war als Dolmetscher dabei. Später, als er verhindert war, ist Pfarrer Weithaas sofort bereit gewesen, in der Nikolaikirche für uns zu dolmetschen. Wir hatten ihm im Gang neben unserer Bank ein Kistchen aufgestellt, so konnten wir seine Gebärde gut sehen. Das ist sogar in der Tagesschau gezeigt worden.

Habt ihr auch Transparente getragen?

Unsere Gruppe nicht, später, als noch andere Gruppen dazustießen, ja. Aber wir haben voneinander nichts gewusst. Es sollen über hundert taube Demonstranten gewesen sein. Auf einem Transparent stand die erste Forderung überhaupt: „UNTERTITEL FÜR GEHÖRLOSE".

Du hast fotografiert. Wie? Die Demos fanden doch immer erst in den Abendstunden statt. Und unsere Filme waren absolut nicht so lichtempfindlich wie die der westdeutschen Kollegen, die später dazukamen.

Ja, es war dunkel, regnete, war windig, kalt. Aber ich habe immer fotografiert und die Filme zwei Stunden lang im warmen Entwickler entwickelt. Ich musste aufpassen, dass die Schicht nicht zu glitschig wurde. Eins der Fotos konnte ich als Titelbild für ein Buch verkaufen.

Auf einer eurer Versammlungen war ich dabei. Ihr wolltet eure Forderungen an die neue Regierung aufstellen.

Wir wollten Hinweisschilder bei Zugverspätungen auf den Bahnhöfen, denn die Lautsprecher hören wir nicht. Dolmetscher in den Universitäten. Eine Professorin aus Moskau, die Pfarrer Weithaas eingeladen hatte, war entsetzt, dass es das bei uns noch nicht gab.

Erzähl von deinen Reisen, du hast viele Reisen unternommen. Auch schon zur DDR-Zeit?

Manchmal hat sich eine Reise durch die Kulturarbeit beim Gehörlosenverband ergeben, so bin ich mit dem Zentralvorstand des Verbandes und einer Laienspielgruppe in Plovdiv und Sofia gewesen, ein anderes Mal mit einer Ausstellung in Warschau. Wenn Preise abzuholen waren, haben das die Funktionäre für mich gemacht, das war so. Privat fuhr ich gern zu gehörlosen Freunden, zum Beispiel nach Bukarest, aber am meisten nach Prag zu meinem Freund Boris Masnik. Er hatte eine interessante Arbeit im Trickfilmstudio Barandow, und dazu kam noch, dass seine Frau Olga so gut kochte. Auch mit gehörlosen Freunden in Bulgarien hat es gute Kontakte gegeben. Auf meinen Reisen habe ich das erste Mal vom Krieg unzerstörte Städte gesehen mit einer Architektur noch aus dem Mittelalter. Dreimal war ich vor der Wende auch schon in der BRD. Dort erlebte ich die Gehörlosen ganz anders, viel unternehmungslustiger, selbstbewusster und weltoffener.

Genau das war mir auch aufgefallen, als ich 1990 auf dem Internationalen Kongress für Gebärdesprachforschung in Hamburg gewesen bin. Ich hatte damals an einem Vortrag gearbeitet, den ich vor Theologen halten sollte, und sammelte Eindrücke. Ich war überrascht und beeindruckt! Ich kannte bis dahin ja nur Gehörlose aus Ostländern.
Welche deiner Reisen nach der Wende hat dich am nachhaltigsten beeindruckt?

Vor allem die Reise nach Brigthon zum Britischen Gebärdensprach-Kongress. Ich war sehr beeindruckt von dem hohen Niveau der tauben Dozenten, die sogar Worte für abstrakte Begriffe benutzten. Das war ein Wendepunkt für mich und meine eigene Gebärdensprache. Die Schirmherrin für diesen Kongress war Lady Di. Wir waren überrascht, dass sie sogar mit der Gebärde zu uns sprach, natürlich war das nicht perfekt, aber wir als Publikum waren begeistert über diese Geste. Ausgerechnet da ist mir die Perforation vom Film gerissen, und die Bilder der Fotoserie sind etwas ineinander geschoben, so ist eine merkwürdige filmartige Darstellung von ihr entstanden.

Ich kann mir vorstellen, dass es für dich schwierig war, am Geschehen teilzuhaben, das heißt zu gebärden und gleichzeitig die Kamera vor den Augen oder in der Hand zu haben. Wie war das bei deiner Reise in die USA?

Ja, manchmal war es nicht einfach, aber wenn ich fotografiere, dann fotografiere ich und verpasse dann eben mal einen Händedruck oder eine Gebärde. In den USA haben wir die Gallaudet-University besichtigt, das ist die erste Universität, die von Gehörlosen geführt wird und an der gehörlose Dozenten und Professoren neben hörenden in der Gebärdensprache unterrichten. Da habe ich mehr gefilmt als fotografiert. Ich musste an meine Schwierigkeiten denken, an diese Diskriminierungen und Ablehnungen, denen ich selbst gegenüber gestanden hatte. Und von dieser Universität gehen ausgebildete gehörlose Juristen, Ärzte, Unternehmer ab. Auch die Schauspielerin Marlee Matlin war für mich ein Beispiel dafür, was gehörlose Menschen mit ihrem Willen schaffen können. Sie ist mit dem Film „Gottes vergessene Kinder" berühmt geworden und bekam einen Oskar für die Hauptrolle. In einem anderen Film spielt sie eine gehörlose Rechtsanwältin, die mit Unterstützung ihrer Dolmetscherin auch für Hörende arbeitet. Dieses Erlebnis war für mich die Fortsetzung von Brighton. Die USA sind auch in diesem Sinn ein Vielvölkerstaat, the deaf persons sind dort wirklich wie ein Volk unter vielen anderen.

Wie habt ihr euch verständigt? Die Gebärdensprache ist doch keine internationale Sprache, so wie Hörende sich das vielleicht vorstellen.

Nein, es gibt Landessprachen und innerhalb dieser auch noch Dialekte – so wie überall. Zum Beispiel gibt es schon einen Unterschied zwischen Berlin und Leipzig. Nur ist eine Sprache in Gebärden vielleicht eher zu erkennen und zu deuten. Die Mimik und die mit unseren Händen geformten Bilder ähneln sich oft.

Es gibt ein Logo, das ich immer auf der Zeitschrift LSH („Lesen statt Hören") gesehen habe, die du nach der Wende viele Jahre herausgegeben hast. Es ist eine geöffnete Muschel, aus der Menschen ins Freie treten. Dieses Logo hat mich in seiner Bedeutung bewegt. Kannst du es hier mal erklären?

Es wurde von dem tauben englischen Grafiker David Flower entworfen. Er erlaubte mir, es für den Kopf meiner Zeitschrift zu verwenden. Die Muschel, in die wir tauben Menschen eingeschlossen waren, hat sich geöffnet, und wir treten hinaus ins Freie „… in das brandende Leben und schwimmen mit im Strom der Zeit." So wurde dieses Logo von Prof. Jens Heßmann in Magdeburg beschrieben. Bei dem sonst üblichen Logo, einem durchgestrichenem Ohr, denkt man an die durchgestrichene Zigarette für das Rauchverbot, also an ein Hörverbot. Das empfinde ich eher als eine wohl unbewusste Selbstdiskriminierung.

Auf einer dieser Reisen hast du Katharina Linne kennengelernt, deine neue Lebensgefährtin.

Nein, das war nicht auf einer Reise, das war auf dem Kirchentag 1989 in Leipzig. Mich hatte beeindruckt, mit welchem Eifer sie dort fotografierte. Nähergekommen sind wir uns erst später in Hamburg. Sie war sehr energiegeladen, auch schon in ihrer Gebärde. Sie hat einen Hörrest, so dass sie mit einem Verstärker telefonieren kann. Mail und SMS gab es ja noch nicht, nach der Wende Fax und Schreibtelefon, aber mit Hörenden den Kontakt zu halten, war immer noch schwierig.

Prinzessin Diana als Schirmherrin des Britischen Gebärdensprach-Kongresses, Brigthon 1990

Befreit vom Oralismus – Diskussion in Gebärdensprache, Kirchentag in Leipzig 1989

Volkmar Jaeger bei einem Vortrag über Kultur der Gehörlosen in der Denkmalschmiede Höfgen-Kaditzsch
Foto: unbekannt, 1995

Erfolgreiches Team zur DDR-Meisterschaft im Turniersport für PKW, 1988: Klaus Lenschow, Frank Schumann, Dietmar Meißner, Volkmar Jaeger als Trainer, Bernd Steinbach, Günther Peretzki, Klaus Schwarz (v.l.n.r.)

Ja, sie hat mich manchmal angerufen, besonders, als wir die Kultur-Arbeitstage in der Denkmalschmiede Höfgen-Kaditzsch organisierten, wo ich zu der Zeit die Öffentlichkeitsarbeit machte.

Sie fanden zweimal statt, das erste Mal 1995. Filmer, Fotografen, Maler, Schauspieler aus allen Ecken Deutschlands waren gekommen, auch aus Österreich und ein gehörloser Dozent aus den USA, Bernard Bragg. Er hielt das erste Seminar ab über die Kultur der Gehörlosen und führte den Theater-Workshop. Zusammen mit dem Deafmedien-Verein Leipzig und dem Leningrader Dokfilmer Oleg Golovuskin erarbeitete ich in Kaditzsch eine Sendung für „Sehen statt Hören". Das Thaterstück, zu dem ich mit Dina Tabbert unter Anregung von Bernard Bragg das Drehbuch schrieb, wurde mehrfach aufgeführt, 1996 in Seattle/USA, 1997 in München, in Wien und Salzburg 1998.

Da waren auch schon eure kleinen Söhne dabei, David und Roald.

Ja, Katharina hatte ihre Not mit ihnen, wenn sie still sein und nicht herumklettern sollten.

Ich erinnere mich auch an einen alten Maler, der aus den USA gekommen war. Seine Bilder hingen in der Werkausstellung „Unsere Welt ist still" in der Studiogalerie der Denkmalschmiede. Es waren die Bilder seiner Verfolgung, der er während der Nazizeit ausgesetzt gewesen war. Erinnerst du dich? Wer war das?

Das war David Bloch, ein jüdischer Gehörloser. Ich hatte seine Bilder schon in Hamburg gesehen, als ich dort die Kunstausstellung auf den 1. Deutschen Kulturtagen der Gehörlosen organisierte. Er hatte die Szenen auf seiner Flucht nach Shanghai skizziert und dann später, als er in den USA lebte, in einem größeren Format gemalt. Ich war von seiner Persönlichkeit beeindruckt. Er war 83 Jahre alt und immer noch körperlich wie geistig beweglich.

Aber nun zu einer ganz anderen Leidenschaft in deinem Leben, mit der du sogar unseren Sohn nachhaltig angesteckt hast.

Meinst du etwa das Autofahren? Ja, da war er sofort dabei. Er saß neben mir, als ich das erste Mal gefahren bin, und hat mich immer auf die falschen Geräusche aufmerksam gemacht, wenn ich nicht richtig geschaltet hatte. Da war er vielleicht neun Jahre alt. Später war er bei den Rallyes dabei.

Was bedeutet dir das Autofahren? Doch nicht nur, einfach von A nach B zu kommen, wie mir zum Beispiel.

Vielleicht fasziniert es mich, dass die Bildreihen während der Fahrt schneller wechseln als sonst, wenn ich gehe oder auf dem Rad sitze. Und dann natürlich der Geschwindigkeitsrausch, besonders während einer Rallye. Leider auch auf der Autobahn, wo ich zweimal mit 50 km/h zu viel erwischt wurde und ich die Fahrerlaubnis für drei Monate abgeben musste.

Es war wohl auch dein alter Kampfgeist, der sich hier ausleben konnte. Du bist 1965 in den Motorsportclub für Gehörlose eingetreten, der als „Einheit Leipzig" in den Allgemeinen Deutschen Motorsportclub integriert war, und bist bald danach der Geschäftsführer geworden.

1968 hatte ich zusammen mit meinem Co-Piloten den Josef-Kubik-Gedächtnis-Lauf in Prag gewonnen. Bei der Rückkehr wunderten wir uns über die vielen Panzer auf den Straßen vor und hinter der deutsch-tschechischen Grenze. Was geht los? Uns war unheimlich zumute. Erst am nächsten Tag erfuhren wir vom Einmarsch der Sowjets in Prag und dem Ende des Prager Frühlings, der für uns alle eine Hoffnung gewesen war.

Als Trainer hatte ich großen Erfolg. Wir nahmen auch an den Wettkämpfen hörender Motorsportler teil. Anfangs wurden wir weit abgeschlagen, aber ich feuerte sie an und allmählich schnitten wir erfolgreicher ab und wurden sogar als Kampfrichter im ADMV eingesetzt. Die Hörenden fragten uns, ob diese „Zeichen", mit denen wir uns unterhielten, eine Geheimsprache wären, denn wir konnten uns ja auch von einem Auto zum anderen durch die geschlossenen Scheiben verständigen. Aber sie waren nie misstrauisch, im Gegenteil, wir haben viel miteinander gelacht.

Später, im wiedervereinigten Deutschland, nahmen wir nicht mehr teil, es wurde für uns zu teuer.

Nachdem du dich nach 1963 der ehrenamtlichen Arbeit für Gehörlose zugewendet hattest, bist du nach ein paar Jahren Vorsitzender der Kommission Kultur im Allgemeinen Deutschen Gehörlosen-Verbandes (ADGV) geworden. Hast du mit dieser Funktion auch einen gewissen Einfluss bekommen?

Im ADGV waren auch Schwerhörige und Spätertaubte. Sie glaubten, den Taubgeborenen und den vor dem Spracherwerb Ertaubten intellektuell überlegen zu sein. Sie beherrschten die Gebärdensprache nicht optimal, konnten aber auch nicht hören, also redeten wir aneinander vorbei. Dadurch war der Verband gespalten, es gab dauernd Streit und Ärger. Ich war acht Jahre 1. Vorsitzender der Kommission, hatte die Planung, Organisation und die Verhandlungen für die Sparten Pantomime, Theater, Foto, Film, zum Beispiel auch für Workshops, zu führen. Als die Kommission aufgelöst wurde, war ich praktisch abgesetzt. Es ging hier aber nicht um meine Kompetenz. Meine letzte Amtshandlung, die IV. Kulturtage der Gehörlosen, fiel zufällig auf einen Wahltag, das hatte ich bei der Arbeit vollkommen vergessen. Man hat mich kurz vor Schließung der Wahllokale mit einem staatlichen Taxi abgeholt und auch wieder zurückgefahren!

Ich führte mehrere Jahre innerhalb der „Bewegung Schreibender Arbeiter" einen Zirkel schreibender Blinder, der von der Leipziger Blindenbibliothek ins Leben gerufen worden war. Er war anfangs nur für Sehbehinderte aus dem Leipziger Umraum gedacht, aber dann kamen sie aus der ganzen Republik, auch Taubblinde, Spastiker im Rollstuhl und Gehörlose. Du hattest humorvoll Geschichten über das Leben als Gehörloser geschrieben und warst auch mit dabei.

Da erinnere ich mich an eine gemeinsame Arbeitswoche im Ostseebad Boltenhagen.

Wir hatten sie als Auszeichnung bekommen. Du bist mit dem Auto gefahren und hattest auf der Hin- und Rückfahrt mehrere mitgenommen.

Ja, ich hatte sogar die Blinden in den Wald führen müssen, weil es auf den DDR-Autobahnen kaum Toiletten gab und immer gesagt: „Achtung Stein! Achtung Baum!"
Danach habe ich einmal die Handbremse vom Trabi vergessen. Das muss ein beängstigendes Geräusch gewesen sein, zum Glück haben sie es gehört und mich darauf aufmerksam gemacht. Ich erinnere mich auch an diesen großen taubblinden Mann. In den ersten Tagen habe ich mich vor seinen leeren Augenhöhlen gefürchtet, dann gewöhnte ich mich und lernte ihn schätzen.

Ja, er war Redakteur einer Zeitung in Brailleschrift. Er wurde immer von seiner blinden Frau begleitet, sie dolmetschte ihm mit dem Lormschen Alphabet in die Handfläche. Aber wie kommt es, dass wir beide in Boltenhagen nicht fotografiert haben? Oder hast du Bilder gemacht? Mir geht es immer so, dass ich in Schreibzeiten keine Bilder sehe und umgekehrt.

Wir waren zu der Zeit wohl nur Schreib- oder Wortmenschen. Darauf haben wir uns ausschließlich konzentriert. Schade eigentlich, aber das stimmt.

Es hat wunderbare Situationen gegeben, wunderbare Gesichter! Aber ich habe sie nur als innere Bilder gespeichert, nicht auf dem Film.

Lehrer Max Richter als Gebärdendolmetscher, Günter Wöller als Gehörlosen-Sportpräsident und Walter Ulbricht als erster Sekretär des ZK der SED beim Leipziger Sportfest der Gehörlosen, 1956

Volkmar Jaeger und Rosemarie Fret
bei einer Debatte im „Zirkel schreibender Arbeiter"
Foto: Helfried Strauß, Leipzig 1987

Volkmar Jaeger und Matthias Mauersberger zur Eröffnung der Wanderausstellung „Die Friedliche Revolution in Leipzig" im Sächsischen Landtag in Dresden am 28. August 2012, Foto: Matthias Mauersberger

Unterricht an der Gehörlosen-Schule „Samuel Heinicke" in Hamburg, 1994

Wenn wir am Strand spazieren gingen, hast du den Sehbehinderten Muscheln oder Tang in die Hände gelegt, einmal auch eine tote Qualle, was sie völlig ratlos gemacht hat. Wir sollten fühlen und riechen, um diese Eindrücke in unsere Texte aufnehmen zu können. Vor allem wurde es für mich interessant, als wir im Kino in einer Reihe saßen: Ein Blinder, du als Hörende und Sehende zwischen uns und ich als Tauber. Der Blinde hört und denkt sich das Bild dazu, der Taube sieht, kombiniert und denkt nach wie bei einem Kreuzworträtsel.

Und ich saß sozusagen zweigeteilt zwischen euch, versuchte noch, zur einen Seite zu erzählen, was ich sah, zur anderen in Gebärden was ich hörte. Ich habe in diesen Tagen sehr viel für meine eigene schriftstellerische Arbeit gelernt, ich glaube mehr, als ich an euch geben konnte.

Du meinst das getrennte Wahrnehmen?

Ja, das meine ich. Tagsüber haben wir an den Texten gearbeitet, wobei ich in Gebärden dolmetschen musste, wenn die Blinden nur aus ihren Braille-Schriften vorlasen. Ich war sehr kritisch, wenn sie sich in Klischee-Traumwelten flüchteten, es sollte jeder bei seinen eigenen Wahrnehmungen bleiben. Da erst wurde es interessant und manches sogar Literatur.
Später, nach der Wende, sind mit den Illustrationen von Thomas Mauersberger, einem Künstler aus einer gehörlosen Familie, mehrere deiner Geschichten veröffentlicht worden.

Erstmals ist in der Zeitschrift „ich schreibe", die vom Zentralhaus für Kulturarbeit der DDR herausgegeben wurde, ein Beitrag mit unseren Arbeiten gekommen, dann später in meiner Zeitschrift „Lesen statt Hören". Nach der Wende wurden meine Kurzgeschichten auch in mehreren Anthologien gedruckt. Du hast mich sehr dazu angeregt.

Du hast nach der Wende auch Vorträge gehalten. Über welche Themen und wo?

Ja, über sehr unterschiedliche Themen, eins davon war die Geschichte der Gehörlosen-Kultur im Vergleich mit der Kultur der Gehörlosen.

Ist das nicht dasselbe: Gehörlosen–Kultur und Kultur der Gehörlosen?

Nein! Ich will es erklären. Die Geschichte der Gehörlosen-Kultur ist die Geschichte ihrer Menschwerdung. Wenn bei einem taub geborenen Kind nicht früh genug das Sprachzentrum im Gehirn angeregt wird, kann es sich geistig nicht entwickeln, es bleibt hinter den Gleichaltrigen zurück. Früher wurden das die Dorftrottel, die Wilden, und manche sind wie Tiere behandelt worden, sie hatten keine Rechte, weil sie nicht sprechen konnten. Erst im 18. Jahrhundert entwickelte sich von Abbe l'Epée ausgehend eine Sprache in Gebärden zusammen mit den Versuchen einer Lautsprachgebung. Somit wurden die Taubstummen zu Gehörlosen. Es gab Schulen und Ausbildungen für bestimmte, meist handwerklich einfache Berufe. Aber alles kam von den Hörenden, alles wurde von ihnen bestimmt.

Aber aus eigener Kraft wäre diese Entwicklung doch gar nicht möglich gewesen!

Natürlich. Das ist wahr. Aber die Hörenden können für uns nicht immer das Maß sein. Dann würden wir immer weiter mit einem Minus leben, einem Makel. Wir wollen uns aber zu einer eigenen anerkannten Minderheit entwickeln mit einer aus unserer Erlebniswelt geprägten Kultur. Nicht nur in den USA ist es schon so, darüber haben wir gesprochen.

Ja, ich verstehe und denke da an ein Theaterstück, das ihr, ich glaube Anfang der 60er Jahre, einstudiert habt. Es war „Die Bürgschaft" von Friedrich Schiller in LSG (lautsprachbegleitender Gebärde). Da entbehrte die Tragik oft nicht einer unfreiwilligen Komik.

Ja? Das kann sein. Aber erinnerst du dich auch an das visuelle Theater, an die Parodie über den Oral-Unterricht mit Thomas Zander? Den Film „Eingeschlossen" des Spaniers Joseph Maria Sigimon hast du leider nicht gesehen. Ich hoffe und glaube, dass diese Ausdrucksweise unsere Zukunft ist. Aber wir müssen damit noch mehr an die Öffentlichkeit.

Die Sanierung einer maroden alten Leipziger Villa zu einem Gehörlosen-Kulturzentrum ist doch hauptsächlich deiner Initiative zu verdanken?

Ich wurde vom Rat der Stadt Leipzig, der Aktion Mensch und mit einem Kredit der Bank für Sozialwirtschaft unterstützt. Auch durch eine Spendenaktion. Auch viele taube Handwerker arbeiteten ohne jeden Lohn mit.

Erzähle etwas über die Gehörlosenzeitschrift, die du ins Leben gerufen hast. Wie oft erschien sie? Monatlich oder vierteljährlich? Wie wurde sie von den Gehörlosen aufgenommen?

Wir nannten sie „Lesen statt Hören" (LSH). Es war eine Kulturzeitschrift, die zuerst monatlich erschien, die anfänglich versprochene finanzielle Unterstützung (von einem westdeutschen Tauben) wurde nicht eingehalten, aber wir bekamen zu unserer Rettung ABM-Stellen zugeteilt. Als es die nicht mehr gab, arbeiteten wir ehrenamtlich weiter, Manfred Sterling und ich. Nach 20 Jahren gaben wir auf. Es war schwierig, denn erhöhten wir das Niveau, war es für den Durchschnitt der gehörlosen Leser zu anstrengend zu lesen. Schraubten wir das Niveau aber runter, bekamen wir Kritik von den intelligenteren Lesern, für die die Zeitschrift nicht nur Information, sondern auch die Möglichkeit zur eigenen Weiterbildung bedeutete.

Du bist immer gern für Jüngere ein Mentor gewesen. Ich denke, dass sich auch aus dieser Eigenschaft die Liebe zu deiner sehr viel jüngeren Frau Astrid entwickelt hat. Zu eurer Hochzeit waren wir alle dabei, die ganze Patchworkfamilie, sowie auch zu deinem 80. Geburtstag. Jetzt habt ihr beide sogar noch einen kleinen Sohn, Volkmar-Arnulf; er ist hörend wie alle deine Söhne. Was willst du ihnen mit auf den Weg geben? Glaubst du, dass sich einer für die gehörlose Welt einsetzen wird? Vielleicht als Dolmetscher?

Ich lasse mich überraschen, zwingen will ich keinen.

2012 bist du mit der Goldenen Ehrennadel des Deutschen Gehörlosen-Bundes ausgezeichnet worden. Wer hat sie dir überreicht und wo?

2007 wurde mir anlässlich der IV. Kulturtage der Gehörlosen in Köln der Kulturpreis des Deutschen Gehörlosen-Bundes vom Präsidenten Alexander von Meyenn übergeben. Die Ehrennadel in Gold erhielt ich 2012.
Ich war überrascht – und arbeite weiter.

Dieses biografische Interview mit Volkmar Jaeger führte Rosemarie Fret im Sommer 2012.

Die heutige Villa Davignon, die denkmalgeschützte, ehemalige Rossbach-Villa am Elstermühlgraben, wird 2006 zum Haus ohne Barriere, einem Kulturzentrum der Hörgeschädigten aus Leipzig und Umland.

Volkmar Jaeger bekommt den Kulturpreis des Deutschen Gehörlosen-Bundes von Christoph Heesch überreicht
Foto: Astrid Jaeger-Fleischer, Köln-Messe 2008

Ich suche den Menschen ...

Kinder

Kellerkinder, Leipzig 1956

Hamburg 1955

Oberwiesenthal 1958

„1945", Hamburg 1955

Kinderwagenparade, Leipzig

Vor dem Schaufenster, West-Berlin 1957

Vater und Sohn, Leipzig 1972

Erwachsene

Das erste „West-Paket", Dresden 1946

Essen 1956

Ring-Café, Leipzig 1956

Hamburg 1955

Krämer vor dem Alten Rathaus, Leipzig 1958

Weihnachtsmarkt, Leipzig 1959

West-Berlin 1957

Weihnachtsmarkt, Leipzig 1959

Nachtgespräche, West-Berlin 1956

Leipzig 1960

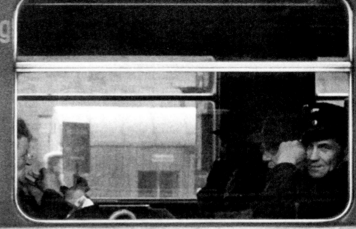

Ostdeutschland

In einem thüringischen Dorf, 1953

Ausstellung in der Hochschule für Grafik und Buchkunst Leipzig, 1955

„40 Jahre, die die Welt veränderten." Ausstellung im Ringmessehaus Leipzig, 1957

Westdeutschland

Köln 1956

West-Berlin 1956

Straße frei!

Düsseldorf 1955

Düsseldorf 1955

Arbeitswelt

Kürschnerei, Leipzig 1959

ABUS, Leipzig 1958

ABUS, Leipzig 1958

ABUS, Leipzig 1958

ABUS, Leipzig 1958

ABUS, Leipzig 1958

Prof. Fritz Cremer in seinem Berliner Atelier, um 1956

Otto Niemeyer-Holstein, Lüttenort, Usedom 1957

Stille Welt

Petra Pau (Die Linke) und Gebärdensprachdolmetscherin, Leipzig 2000

GEHÖRLOSENFREIZEITHEIM BREMEN e.V.

Da......theim Bremen e.V. ist ein gem......gener Verein. Der Verein unterhä......n aus Bremen und dem Umland
da......hwachhauser Heerstraße. Er ist
Träg......ktes für Gehörlose" - ein Gehörlo
...sie schon in vielen Städten gibt.

...Eigenhilfe wurde
...hörlosenzentrum

...ben
...ung der

...derung, die
...che und
...Hinblick auf die
...chen Hand entsteht
...nzeption für

...ie Hilfe durch
...Gehörlosen
...herzlich w...

...klung

...zeitheim:

Taube Kabarettistin, Berlin 2008

Astrid Jaeger-Fleischer erläutert ihre Kunstwerke in Gebärdensprache, München 2001

internationale Verständigung – jede Gebärdensprache ähnelt sich visuell (Bulgare, Engländer, Schottin, Rumäne), Primorsko 1988

Internationale Verständigung – jede Gebärdensprache ähnelt sich visuell (Spanier, Spanier, Russe), Primorsko 1988

Dolmetscherinnen in Gebärdensprache, Hamburg 1994

Gebärdensprache kann auch zum Lachen bringen (Deutsche, Estin, Deutsche), Thorun 1989

Wie wichtig …, Berlin 2008

Das taube Mädchen und die Katze, Leipzig 1963

Taubes Mädchen und hörende Eltern, Leipzig 1957

Tauber Pantomime Jomi aus Saarbrücken, Leipzig 1988

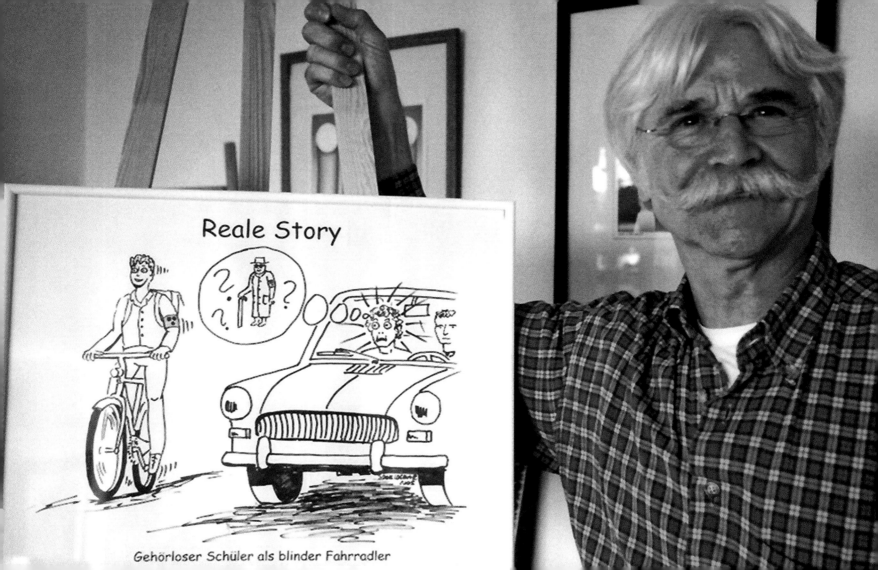

Tauber Vater und taube Tochter, Leipzig 2009

Pia, Oberwiesenthal 1988

Porträt
(hörend)

Rosel und José, 1959

Frauke und Freundin, 1956

Bruno Apitz, 1953

Frauke, 1956

Clown aus Köln, 1958

Pfarrer Heinz Weithaas, 1970

Simultan-Studie (Max Walach), 1956

Religion

Tauber und hörender Mann, Kirche Hohen Thekla bei Leipzig 1956

Leipzig 1956

Hauptbahnhof, Leipzig 1956

Georgiring, Leipzig 1989

Taufe in der Kirche Hohen Thekla bei Leipzig, 1956

Drei Generationen, Kirche Hohen Thekla bei Leipzig 1956

Michaeliskirche am Nordplatz, Leipzig 1985

Demonstration

Montagsdemo am Tröndlinring, Leipzig 1989

Montagsdemo am Georgiring, Leipzig 1989

Montagsdemo am Dittrichring nahe bei der „Runden Ecke", Leipzig 1989

Montagsdemo am Dittrichring direkt an der „Runden Ecke", Leipzig 1989

garien

Rila-Kloster 1960

Sofia 1960

Rila-Kloster 1960

Der gehörlose Lehrling und der hörende Meister, Leipzig 1963

AUSSTELLUNGEN / PREISE (Auswahl)

1955	Internationales Festival der Jugend und Studenten in Warschau/Polen (3. Preis für „Die Hände vor dem Gesicht")
1956	*action fotografie*, Leipziger Messehaus Petershof, Leipzig (Katalog)
1957	*die gruppe*, Salon Paderewskiego, Poznań/Polen (gemeinsam mit Jürgen Vorberg, Arno Fischer, Evelyn Richter, Rosemarie Bock); *40 Jahre, die die Welt veränderten*, Ausstellung, Ringmessehaus Leipzig
1958	*die gruppe*, Kunsthochschule Berlin-Weißensee
1959	*die gruppe*, Kunstkabinett Lomatsch Kassel/BRD; AGRA-Ausstellung, Leipzig-Markleeberg (mit Rosemarie Bock)
1963	Internationales Festival der Gehörlosen, Stockholm (1. Preis für Foto „Der gehörlose Lehrling und der hörende Meister" und 4. Preis für Film „Der gehörlose Kapitän")
1964	Stadtwettbewerb für Amateurfilm (Hörender), Leipzig (1. Preis für „Die Parole"); Bezirksausscheid Leipzig für Amateurfilm (Hörender), Leipzig (2. Preis für „Die Parole"); DDR-Arbeiterfestival (Hörender), Jena (Prädikat „Besonders wertvoll" für „Die Parole")
1967	Weltfestival der Gehörlosen in Warschau (3. Preis für Fotoreportage-Serie „The deaf-lessons without gesture"); V. Kunstausstellung der DDR, Dresden (Katalog)
1988	3. Internationales Foto- und Filmfestival der Gehörlosen, Primorsko/Bulg.
1989	Internationale Kunstausstellung der Gehörlosen, Thorun/Polen; *Dem Leben zugewandt*, Zentrale Volkskunstausstellung des Gehörlosen- und Schwerhörigen-Bundes Berlin; *Hochschule für Grafik und Buchkunst 1945–1989. Eine Ausstellung der Hochschule für Grafik und Buchkunst und des Museums der bildenden Künste Leipzig anläßlich des 225. Jubiläums der Hochschule*, Hochschule für Grafik und Buchkunst Leipzig (Katalog)
1990	*Leipziger Schule. Malerei/Grafik/Fotografie. Lehrer und Absolventen der Hochschule für Grafik und Buchkunst Leipzig*, Staatliche Kunsthalle Berlin; Städtische Galerie Schloß Oberhausen, Ludwig-Institut für Kunst der DDR; Kunstverein Hannover (Katalog)
1991	Deutsches Kunstfestival der Gehörlosen (Initiator), Leipzig
1992	Kunstfestival der Gehörlosen, Kiel (Fotoreportage „Geburt von Sohn Halldor"); Deutsches Videofestival der Jugend und Studenten, Leipzig („Leipziger – Kämpfer ohne Gewalt", gelobte Filmvorführung); Europäisches Festival der Gehörlosenkultur in Dublin/Irland (Workshop gehörlos-orientierte Künste)
1993	1. Deutsche Kulturtage der Gehörlosen, Hamburg
1994	2. Internationale Tagung zur Geschichte der Gehörlosen, Hamburg (Film und Text „Bitte recht freundlich – DGS oder LBG")
1995	*Unsere Welt ist still*, Werkausstellung der Gehörlosen in der Denkmalschmiede Höfgen-Kaditzsch, Grimma
1996	*Ohren zu. Augen auf*, Ausstellung, Essen (Fotografien und Vortrag)
1997	2. Deutsche Kulturtage der Gehörlosen, Dresden (Film und Fotografien)
1999	2. Sächsische Kulturtage der Gehörlosen, Leipzig (Fotografien)
2001	3. Deutsche Kulturtage der Gehörlosen, München (Fotografien und Film „Gebärdensprache aus dem Stegreif")
2003	3. Sächsische Kulturtage der Gehörlosen, Dresden (Fotografien)
2008	4. Kulturtage der Gehörlosen, Köln (Fotografien)
2009	*Clin d'oeil*, Internationales Film- und Fotofestival der Gehörlosen, Reims/Frankreich (Fotografien)
2009– 2010	*60-40-20. Kunst aus Leipzig seit 1949.*, Ausstellung, Museum der bildenden Künste Leipzig (Katalog)
2010	4. Sächsische Kulturtage der Gehörlosen, Dresden (Fotografien)
2011	*Leipzig. Fotografie seit 1839*, Ausstellung, Stadtgeschichtliches Museum Leipzig (Katalog)
2012– 2013	*Taten & Bilder sind unsere Welt*, Gemeinschaftsausstellung mit Astrid Fleischer-Jaeger, Justizzentrum des Landes Sachsen-Anhalt, Magdeburg

VERÖFFENTLICHUNGEN (Auswahl)

1955– 1989	Fotografien, Fotoserien, Fotografiken: *Fotografie, Fotofalter, Fotografik* (alle Fotokinoverlag Halle), *Das Magazin*, Berlin; *Neue Werbung*, Verlag der Wirtschaft, Berlin; *Das Deutsche Lichtbild*, Verlag DSB Dr. Wolf Strache Stuttgart, 1958; Buchumschläge: „Romanreihe", Mitteldeutscher Verlag Halle; Prospekt-Umschlag *Pelze aus Leipzig*, 1983; Illustrationen: Gedichtband *In den Liedern geboren*, Walter Werner, Mitteldeutscher Verlag Halle, 1963; Fachliche Beiträge (Text und Fotografien bzw. Fotografiken): *Fotografie* (in Zusammenarbeit mit Rosemarie Jaeger-Bock); *Fotografik*; *Fototricks*, Alfred Ullmann, Fotokinoverlag Halle, 1959; *Neue Werbung*, Verlag der Wirtschaft, Berlin; Artikel: „Die Kellnerin", „Der redselige Patient" und „Bitte recht - freundlich" in Anthologie *ich schreibe*, Zeitschrift für schreibende Arbeiter, Zentralhaus für Kulturarbeit der DDR, Leipzig, 1987
1990– 2012	Fotografien, Fotografiken, Illustrationen: Gehörlosen-Kultur-Zeitschrift *Lesen statt Hören*; Artikel „Ich suche den Menschen" und „Ich sehe die Stimmen und suche den Menschen", Rosemarie Fret, *leipziger blätter 52*, Leipzig, 2008; Artikel „Mein Bilck zurück", *visuell plus*, Schweizer Gehörlosen-Zeitschrift, Zürich, 2009; Artikel (ohne Fotos) „Ohne Sehen, Verstehen und Denken kein Leben", *Wie ein zweites Leben (Biografisches im Umbruch)*, Gottfried Hanisch (Hsg.), Wartburg Verlag Weimar, 2010; Xerografie-Montage „Zwei Pferde" zu eigenem Text „Pferdeschicksal", weitere Artikel „Mäuse müssen sterben", „Der letzte Ritter" in Anthologie *Tierisch starke Geschichten*, Elbverlag Magdeburg, 2011; „Auch ein Mensch", Foto und Text in Anthologie *Gedanken auf Papier gebracht*, Elbverlag Magdeburg, 2012

IMPRESSUM

© 2012, Alle Rechte vorbehalten.

Sofern nicht anders vermerkt, stammen alle Fotografien aus dem Besitz des Künstlers.

Titelfoto – Rosemarie Bock/Fret: Volkmar, ausgestellt zur *action fotografie,* 1956
Foto Frontispiz – Matthias Mauersberger: Volkmar Jaeger, 2012
Foto Rückseite – Volkmar Jaeger: Volkmar und Astrid, 2012

Einführung – Dr. Jeannette Stoschek
Leiterin Graphische Sammlung, Museum der bildenden Künste Leipzig

Interview zur Biografie – Rosemarie Fret
Fotografin, Autorin

Buchgestaltung – Alexander Atanassow
Freier Gebrauchsgrafiker, Dresden

Gesamtherstellung – **KUNST**BLATT-Verlag, Dresden

1. Auflage, Dezember 2012

ISBN 978-3-938706-44-2

KUNSTBLATT-Verlag, Dresden
www.kunstblatt-verlag.de